Hallo!

Interessierst du dich für Tiere, Pflanzen, Technik, Geschichte und andere spannende Themen aus der Welt, in der wir leben? Magst du lustige und spannende Rätsel? Dann ist dieses Heft genau richtig für dich! Hole dir bunte Stifte, und schon geht es los. Wenn du alle Rätsel geschafft hast, bekommst du die Meisterurkunde in der Umschlagklappe.

Viel Spaß!
Dein Logli

Auf welchen sechs Seiten hüpft dieser kleine Frosch herum?

Dieses Heft gehört:

Name: _____

Alter: _____

Klasse: _____

Lehrer/Lehrerin: _____

D1719097

Himmelsrichtungen

Welches Gerät hilft Logli beim Bestimmen der Himmelsrichtungen? Ordne jeder Frage die richtige Antwort zu, dann verraten es dir die Lösungsbuchstaben.

Die Himmelsrichtung finde ich mit einem

___ ___ ___ ___ ___ ___ ___ ,
1   2   3   4   5   6   7

denn seine Nadel zeigt immer nach Norden!

K Osten

S Polarstern

S Nordpol

A Südpol

M Süden

O Westen

P Norden

1 Wo geht die Sonne morgens auf?

2 Wo geht die Sonne abends unter?

3 Wo steht die Sonne am Mittag?

4 Welche Himmelsrichtung ist auf jeder Landkarte „oben"?

5 Wie heißt der südlichste Punkt der Erde?

6 Welcher Stern steht im Norden?

7 Wie heißt der nördlichste Punkt der Erde?

Orientierung auf der Karte

Logli hat eine Schatzkarte gefunden. Doch wo ist der Schatz versteckt?
Folge den Anweisungen auf dem Plan, und kreuze die richtige Stelle
auf der Karte an.

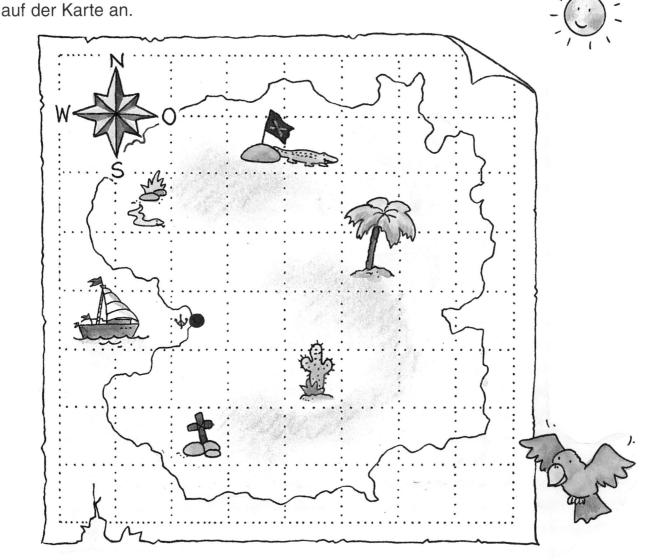

Verankere dein Schiff vor der westlichen Bucht,
und gehe bei der markierten Stelle an Land.

Gehe zwei Felder nach Norden.

Gehe ein Feld nach Osten.

Gehe vier Felder nach Süden.

Gehe drei Felder nach Osten.

Gehe drei Felder nach Norden.

Gehe ein Feld nach Westen –
hier findest du den Schatz.

Vögel

Hier stimmt doch etwas nicht! Hilf Logli, und schreibe bei jedem Vogel den richtigen Namen auf.

Spuntbecht

_____

Schwauchralbe

_____

Mohlkeise

_____

Maubleise

_____

Kaunzönig

_____

Lersping

_____

Elster
Zaunkönig
Blaumeise
Rauchschwalbe
Kohlmeise
Sperling
Buntspecht

Lester

_____

Nestbau und Brutpflege

Welcher Vogel brütet in Loglis Garten? Bringe die Bilder in die richtige Reihenfolge, und schreibe die Zahlen von 1 bis 5 dazu.
Die Lösungsbuchstaben verraten es dir.

E

Die Jungen bleiben im Nest bis sie Federn haben und werden von ihren Eltern gefüttert.

M

In das Nest werden vier bis sechs Eier gelegt.

1

A

Im April wird das Nest aus Heu, Zweigen, Blättern, Erde und Gras gebaut.

S

Das Weibchen brütet die Eier etwa zwei Wochen lang aus.

In meinem Garten brütet eine

___ ___ ___ ___ ___ .
  1   2   3   4   5

L

Nach weiteren zwei Wochen starten die Jungen ihre ersten Flugversuche.

Magnete

Welche Gegenstände werden von Loglis Magneten angezogen?
Kreise sie ein. Die Lösungsbuchstaben verraten dir dann der Reihe nach,
aus welchem Material sie bestehen.

Magnete ziehen alle Dinge aus

_____ _____ _____ _____ _____ an.

Hoppla! Beim Magnetangeln haben sich die Schnüre verheddert. Spure die Angelschnüre von 1 bis 5 jeweils mit einer anderen Farbe nach, und trage die Buchstaben ein. Schon erfährst du, wer das Spiel erfunden hat.

1	2	3	4	5

Getreide

Logli sieht sich verschiedene Getreidesorten an. Der Regen hat die Schilder mit ihren Namen verwischt. Hilf Logli beim Beschriften, und trage die Wörter ein.

Logli vergleicht alte Fotos mit modernen Bildern. Immer zwei Bilder gehören zusammen. Verbinde sie mit einer Linie. Die Lösungsbuchstaben nennen dir dann ein Fest, das besonders Landwirte im Herbst feiern.

1 Sense

2 Melken mit der Hand

3 Pferdegespann

ERN Mähdrescher

ANK Traktor

4 Aussaat von Hand

FEST Sämaschine

Im Oktober wird das

___ ___ ___ ___ ___ ___ ___
1   2   3   4

gefeiert.

TED Melkanlage

Verbrennung

Logli hat gelernt, welche Dinge brennen. Hilf ihm, die richtigen Aussagen in der Liste anzukreuzen. Die Lösungsbuchstaben verraten dir dann von oben nach unten, was zur Verbrennung nötig ist.

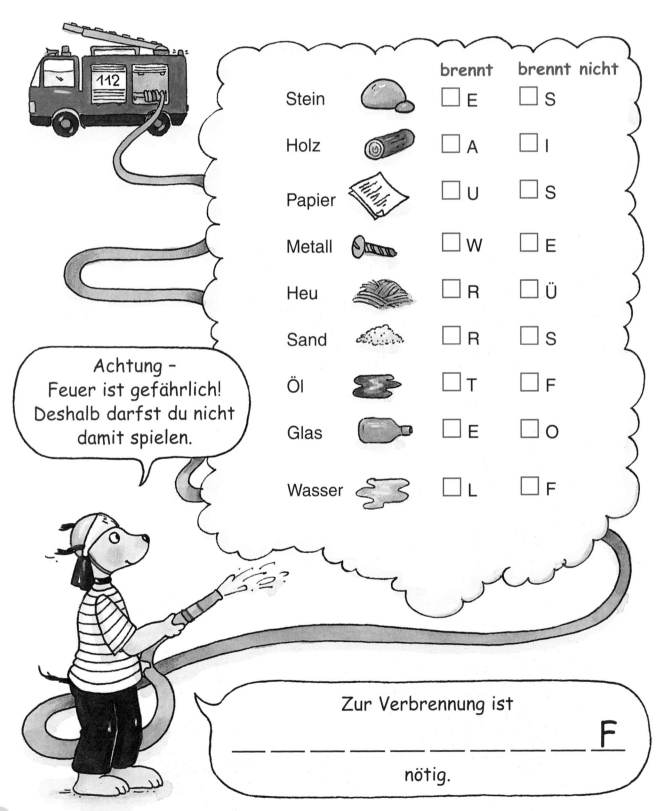

	brennt	brennt nicht
Stein	☐ E	☐ S
Holz	☐ A	☐ I
Papier	☐ U	☐ S
Metall	☐ W	☐ E
Heu	☐ R	☐ Ü
Sand	☐ R	☐ S
Öl	☐ T	☐ F
Glas	☐ E	☐ O
Wasser	☐ L	☐ F

Achtung –
Feuer ist gefährlich!
Deshalb darfst du nicht
damit spielen.

Zur Verbrennung ist

_ _ _ _ _ _ _ _ _ F

nötig.

Jeder Feuerwehrmann braucht für seine Arbeit die passende Ausrüstung.
Aber wie heißen die Gegenstände? Ergänze die Wörter. Die Bilder helfen
dir dabei.

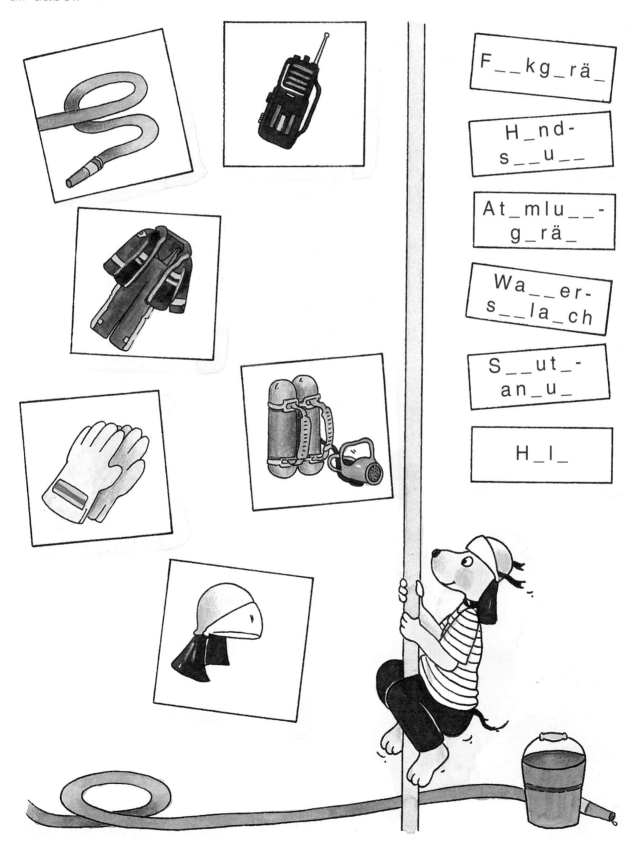

F _ _ kg _ rä _

H _ nd - s _ _ u _ _

At _ mlu _ _ - g _ rä _

Wa _ _ er - s _ _ la _ ch

S _ _ ut _ - an _ u _

H _ l _

Eine Karte lesen

Logli überlegt, was die Zeichen auf der Landkarte bedeuten.
Hilf ihm dabei, und kreise unten die jeweils richtige Bedeutung ein.

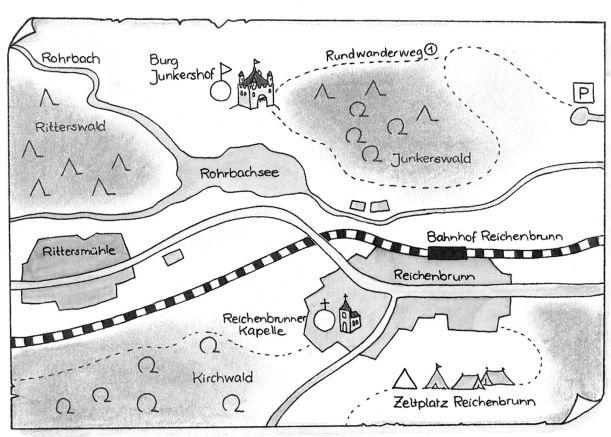

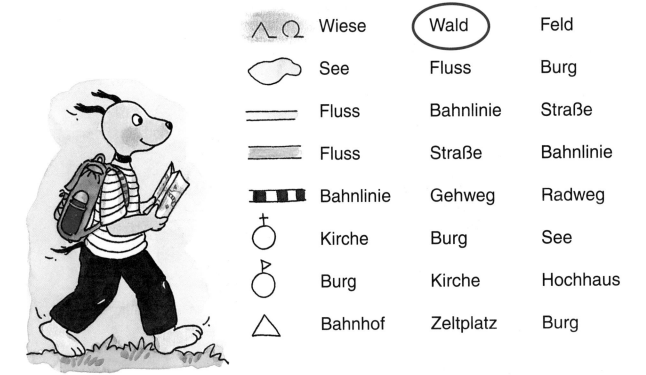

∧ Ω	Wiese	(Wald)	Feld
See	See	Fluss	Burg
——	Fluss	Bahnlinie	Straße
▬▬	Fluss	Straße	Bahnlinie
▮▮▮	Bahnlinie	Gehweg	Radweg
† ⚲	Kirche	Burg	See
⚑⚲	Burg	Kirche	Hochhaus
△	Bahnhof	Zeltplatz	Burg

Logli sucht den Weg zum Aussichtsturm. Du kannst ihm dabei helfen.
Zeichne den richtigen Weg ein.

Leben am Teich

Wen sucht Logli im Teich? Trage alle Lösungswörter richtig ein, dann kannst du es von oben nach unten in den hervorgehobenen Kästchen lesen.

Malst du mir den gesuchten Begriff in den Teich?

Vom Laich zum Frosch

Welcher Frosch hat seine Eier in Loglis Gartenteich gelegt?
Bringe die Bilder in die richtige Reihenfolge, und schreibe die Zahlen
von 1 bis 5 dazu. Schon weißt du es.

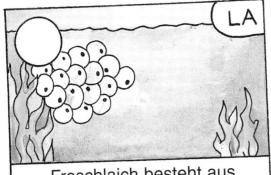

Froschlaich besteht aus hunderten von Froscheiern.

Nach zwölf Wochen verlieren sie den Schwanz. An Land atmen sie mit ihrer Lunge.

Nach zehn Wochen treten die Vorderbeine hervor.

Aus dem Laich schlüpfen die Kaulquappen. Sie atmen mit Kiemen.

Nach acht Wochen haben die Kaulquappen Hinterbeine.

So ein schöner

_____!
1   2   3   4   5

Sinnesorgane

Logli möchte herausfinden, was seine Sinnesorgane leisten. Versuche ihm dabei zu helfen, und trage in jedes Feld die passenden Wörter ein.

Nase

riechen

sehen

fühlen

schmecken

hören

riechen

Logli benutzt Hilfsmittel, die die Leistung der Augen verbessern.
Kennst du ihre Namen? Ordne richtig zu, und die Lösungsbuchstaben
verraten dir einen anderen Begriff für die Iris des Auges.

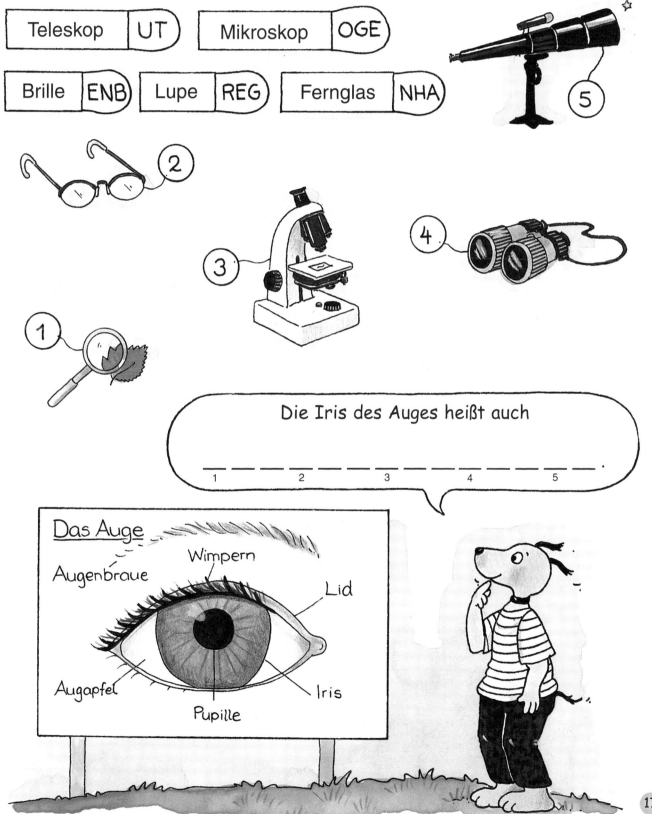

Teleskop (UT)

Mikroskop (OGE)

Brille (ENB) Lupe (REG) Fernglas (NHA)

5

2

3

4

1

Die Iris des Auges heißt auch

_1_ _____ _2_ _____ _3_ _____ _4_ _____ _5_ _____ .

Das Auge

Wimpern

Augenbraue

Lid

Augapfel

Iris

Pupille

Pflanzenwachstum

Wie heißt die Pflanze, die Logli in seinem Garten heranzieht?
Kreuze die jeweils richtige Aussage an, und trage die Lösungsbuchstaben
auf dem Gartenschild ein.

○ Logli sät den Samen in Sand. (F)
○ Logli sät den Samen in Erde. (B)
○ Logli sät den Samen in Kies. (S)

○ Der Keimling steht im Kühlschrank. (I)
○ Der Keimling steht im Backofen. (T)
○ Der Keimling steht im Zimmer. (O)

○ Der Keimling wird feucht gehalten. (H)
○ Der Keimling wird sehr trocken gehalten. (S)
○ Der Keimling wird sehr nass gehalten. (E)

○ Die junge Pflanze steht im Schrank. (C)
○ Die junge Pflanze steht im Keller. (I)
○ Die junge Pflanze steht am Fenster. (N)

○ Logli pflanzt sie in den Teich. (H)
○ Logli pflanzt sie ins Beet. (E)
○ Logli pflanzt sie auf die Straße. (N)

Zum Wachsen brauchen Pflanzen
die richtigen Bedingungen –
Erde, Feuchtigkeit, Licht
und Wärme.

Hier wächst eine

_ _ _ _ _ _ .

Logli sucht sieben Dinge in seinem Garten. Hilf ihm dabei, und kreise sie ein.

Ritterburg

Kennst du die Räume einer alten Ritterburg? Schreibe zu jedem Begriff
die richtige Zahl. Die hervorgehobenen
Buchstaben verraten dir dann,
was jeder Ritter im Kampf trug.

- [ ] **R**ittersaal
- [ ] **K**üche
- [ ] Wach**s**tube
- [ ] Thron**s**aal
- [ ] Web**s**tube
- [ ] Waffe**n**kammer

Im Kampf trug jeder Ritter eine

__ __ __ __ __ __ G .
1 2 3 4 5 6

Hier stimmt doch etwas nicht! Kreise alle Dinge ein, die es zur Zeit der Ritter noch nicht gab.

Kirschblüte

Logli hat eine Kirschblüte untersucht und gezeichnet. Nun fehlen ihm noch die passenden Namen für die einzelnen Teile der Blüte. Lies den Text, und trage die richtigen Wörter in die Zeichnung ein.

Die äußeren **Kelchblätter** schützen die Blüte.

Die hellen **Blütenblätter** locken die Bienen an.

Nach der Befruchtung wird aus dem **Fruchtknoten** eine Kirsche.

Die klebrige **Narbe** hält den Blütenstaub fest.

Die Bienen holen den süßen **Nektar**.

Die gelben **Staubblätter** tragen den Blütenstaub.

Von der Blüte zur Frucht

Wie wird aus der Kirschblüte eine Kirsche? Verbinde die Bilder mit den passenden Sätzen, und trage die Lösungsbuchstaben ein. Schon erfährst du ein anderes Wort für Blütenstaub.

1 Die Biene saugt den Nektar aus der Blüte und sammelt dabei Blütenstaub an ihren Hinterbeinen.

2 Die Biene trägt den Blütenstaub von der Blüte des einen Baumes zur Blüte des nächsten Baumes.

3 Dort bleibt der Blütenstaub auf der klebrigen Narbe hängen.

4 Ein Faden wächst zum Frucht-knoten hinunter und befruchtet ihn.

5 Die Blütenblätter fallen ab, und der Fruchtknoten wächst.

6 Aus dem Fruchtknoten ist eine reife Kirsche geworden.

Blütenstaub heißt auch __ __ __ __ __ __ .
1 2 3 4 5 6

Sträucher und Beeren

Im Wald hat Logli Sträucher mit leckeren Beeren gefunden.
Entdeckst du ihre Namen im Wortgitter? Kreise die Wörter farbig ein.

Diese Beeren sind essbar.
Aber Vorsicht – es gibt
auch giftige Beerenfrüchte
in Garten und Wald!

B	O	L	A	H	O	L	U	N	D	E	R	H
E	S	C	H	A	M	B	E	E	R	I	E	I
R	O	S	E	G	B	O	M	B	R	M	S	M
S	C	H	L	E	H	E	I	D	E	B	C	B
E	S	C	H	B	R	O	M	B	E	E	R	E
I	D	E	L	U	T	T	E	E	B	E	T	E
D	E	R	U	T	A	G	E	B	U	R	H	R
E	L	B	A	T	T	E	L	S	C	E	L	E
H	E	I	D	E	L	B	E	E	R	E	B	L

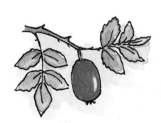

Auf beiden Bildern siehst du Logli beim Marmeladekochen. Aber es gibt sieben Unterschiede. Finde sie, und kreise sie auf dem unteren Bild ein.

Elektrische Geräte

Logli überlegt, welche Geräte im Haushalt mit Strom funktionieren. Weißt du es denn schon? Kreise alle elektrischen Geräte auf dem Bild ein.

In jedem dieser Zimmer sind vier elektrische Geräte versteckt. Welche kennst du noch?

Logli bastelt eine Beleuchtung für seine Eisenbahn. Doch nicht alle
Glühbirnen leuchten. Hilf Logli, und male die Glühbirnen gelb aus,
bei denen die Kabel richtig angeschlossen sind.

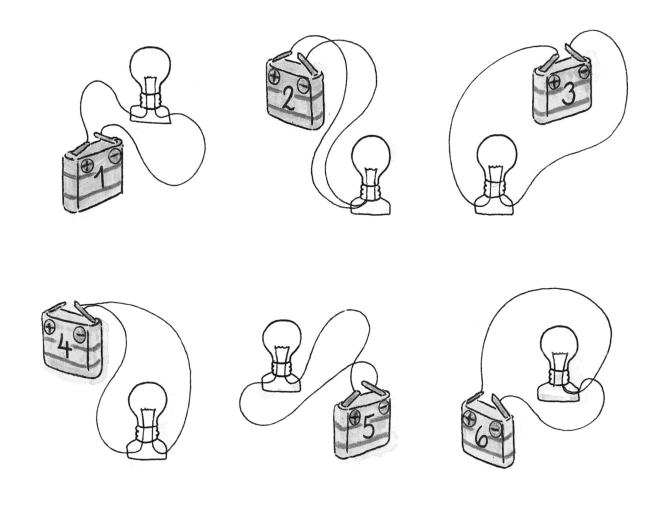

Die Glühbirnen leuchten, wenn der Stromkreis
geschlossen ist. Dann fließt der Strom vom Pluspol
der Batterie durch den Leuchtdraht der Glühbirne
und zurück zum Minuspol der Batterie.

Laub- und Nadelbäume

Kreuze in der Liste an, welche Bäume Laub- oder Nadelbäume sind. Die Lösungsbuchstaben verraten dir, welches Blatt Logli in der Hand hält.

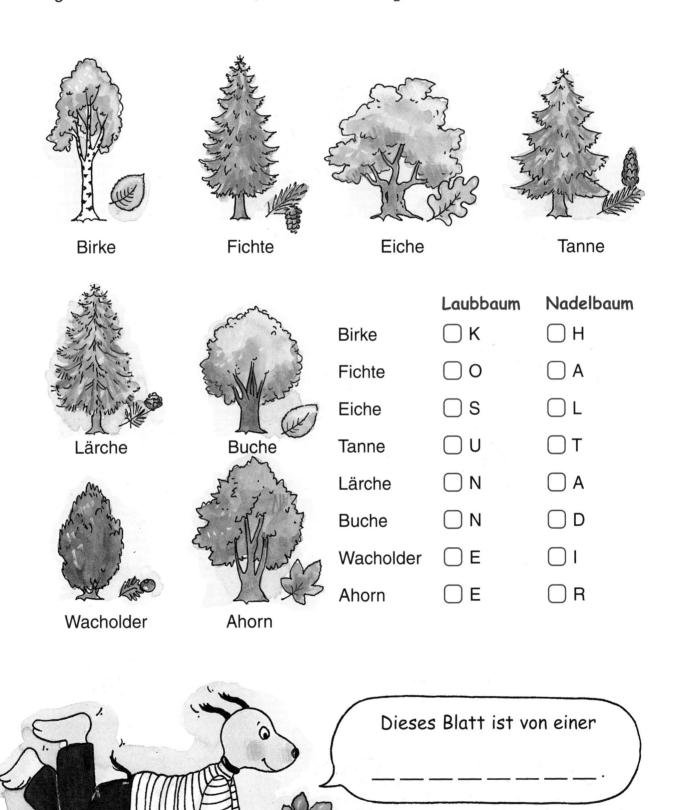

	Laubbaum	Nadelbaum
Birke	☐ K	☐ H
Fichte	☐ O	☐ A
Eiche	☐ S	☐ L
Tanne	☐ U	☐ T
Lärche	☐ N	☐ A
Buche	☐ N	☐ D
Wacholder	☐ E	☐ I
Ahorn	☐ E	☐ R

Birke · Fichte · Eiche · Tanne

Lärche · Buche · Wacholder · Ahorn

Dieses Blatt ist von einer

_ _ _ _ _ _ _ _ _ .

Tiere des Waldes

Logli beobachtet Tiere im Wald. Findest du sie auch?
Das Lösungswort verrät dir, welches Tier sich gut versteckt hat.

Blindschleiche (I)   Eule (H)   Reh (L)

Eichhörnchen (D)   Waldameise (E)

Fuchs (I)   Buntspecht (C)   Kreuzspinne (W)

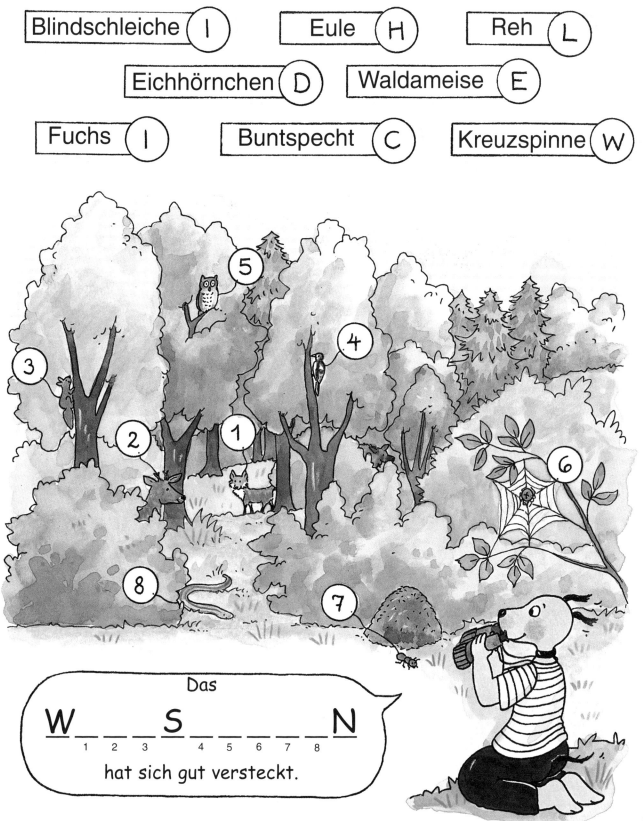

Das

W _ _ S _ _ _ N
  1 2 3   4 5 6 7 8

hat sich gut versteckt.

Wissenschaften und ...

Schon immer haben Menschen versucht, die Welt und ihre Geheimnisse zu erforschen. Forscher, die wissenschaftlich arbeiten, nennt man auch Wissenschaftler. Damit man ihre Forschungsbereiche besser voneinander unterscheiden kann, werden sie in verschiedene Wissenschaften eingeteilt. Hier lernst du einige davon kennen:

Die **Archäologie** beschäftigt sich mit der Erforschung alter Kulturen.

Heinrich Schliemann
(1822–1890)
Dem deutschen Archäologen gelang im 19. Jahrhundert die Ausgrabung der altertümlichen Stadt Troja.

Die **Astronomie** beschäftigt sich mit dem Weltraum, mit Sternen und Planeten.

Nikolaus Kopernikus
(1473–1543)
Der polnische Astronom entdeckte, dass sich die Erde einmal am Tag um sich selbst dreht und sie in einem Jahr einmal um die Sonne kreist.

Die **Biologie** beschäftigt sich mit der Untersuchung und den Gesetzmäßigkeiten von Lebewesen, also von Pflanzen, Tieren und Menschen.

Carl von Linné
(1707–1778)
Auf den schwedischen Naturforscher geht die bis heute gültige Einteilung der Tier- und Pflanzenarten zurück.

Die **Chemie** beschäftigt sich mit Stoffen und ihrer Umwandlung.

Alfred Nobel
(1833–1896)
Der schwedische Chemiker erfand 1859 das Dynamit. Heute wird jährlich der nach ihm benannte Nobel-Preis verliehen.

Die **Erdkunde** beschäftigt sich mit der Beschreibung der Erde und ihrer Länder und Meere.

Christoph Kolumbus
(1451–1506)
Der italienische Seefahrer wollte ursprünglich einen kürzeren Seeweg nach Indien finden. Dabei entdeckte er jedoch Amerika.

Die **Mathematik** beschäftigt sich mit Raum- und Zahlengrößen.

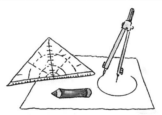

Pythagoras
(6. Jahrhundert vor Christus)
Der griechische Mathematiker erkannte grundlegende geometrische Gesetzmäßigkeiten.

Die **Physik** erforscht die Erscheinungen der Natur, z.B. das Licht, die Elektrizität und den Magnetismus.

Albert Einstein
(1879–1955)
Der deutsch-amerikanische Physiker entwickelte die so genannte Relativitäts-theorie. Demnach gilt zum Beispiel bis heute die Lichtgeschwindigkeit (ungefähr 300 000 km pro Sekunde!) als größtmögliche Geschwindigkeit im Universum.

Lösungen

Seite 2: KOMPASS

Seite 3:
Hier findet Logli den Schatz:

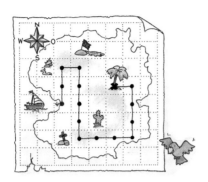

Seite 4:
So heißen die Vögel richtig:

Buntspecht   Rauchschwalbe   Kohlmeise

Blaumeise   Zaunkönig   Sperling   Elster

Seite 5: In Loglis Garten brütet eine AMSEL.

Seite 6: Magnete ziehen alle Dinge aus EISEN an.

Seite 7: LOGLI hat das Spiel erfunden.

Seite 8:

Weizen   Gerste

Hafer   Roggen   Mais

Seite 9: Im Oktober wird das ERNTEDANKFEST gefeiert.

Seite 10: Zur Verbrennung ist SAUERSTOFF nötig.

Seite 11: Funkgerät, Handschuhe, Atemluftgerät, Wasserschlauch, Schutzanzug, Helm

Seite 12: ∧Ω = Wald, ⬭ = See,

 = Fluss, 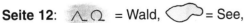 = Straße,

▮▮▮ = Bahnlinie, ⬙ = Kirche,

 = Burg, △ = Zeltplatz

Seite 13:

Seite 14: Logli sucht einen GOLDFISCH im Teich.

Seite 15: In Loglis Teich hat ein LAUBFROSCH seine Eier gelegt.

Seite 16: Augen – sehen, Ohr – hören, Haut – fühlen, Zunge – schmecken, Nase – riechen

Seite 17: Die Iris des Auges heißt auch REGEN-BOGENHAUT.

Seite 18: Logli hat sich für den Garten eine BOHNE herangezogen.

Seite 19:

Seite 20: Im Kampf trug jeder Ritter eine RÜSTUNG.